·大话粤语系列·

老廣新游之

CANTON TALKER

粤語點講

大话国 编绘

广州新华出版发行集团
广州出版社
GUANGZHOU PRESS

图书在版编目（CIP）数据

老广新游之粤语点讲 / 大话国编绘. -- 广州：广州出版社，2025. 4.--
(大话粤语系列). -- ISBN 978-7-5462-3888-3
Ⅰ. H178
中国国家版本馆CIP数据核字第202595529Y号

LAOGUANG XINYOU ZHI YUEYU DIANJIANG

老广新游之粤语点讲 大话国 编绘

责任编辑：卢嘉茜 李佰幸
责任校对：梁惠明
出版发行：广州出版社
（地址：广州市天河区天润路87号广建大厦9、10楼 邮政编码：510635
网址：www.gzcbs.com.cn）
美术设计：广州亦可文化传播有限公司
印 刷：广州市快美印务有限公司
（地址:广州市白云区广从五路410号 邮政编码:510545
电话：020-23336155 ）
规 格：787mm×1092mm 1/16
印 张：8.25
字 数：91千
版 次：2025年4月第1版
印 次：2025年4月第1次
书 号：ISBN 978-7-5462-3888-3
定 价：48.00元

如发现印装质量问题，影响阅读，请与出版社（020-38903510）联系调换。
售书热线：020-38903520 38822649

前言

这是一本不正经的粤语教科书，
这也是一本老广生活剧场的手账本，
能让你从“游客模式”切换到“街坊模式”的秘籍。
你会边读边惊叹“企鹅”原来是汉语活化石；
你会从中发现“冲凉”是岭南人对抗暑热的倔强；
“士多啤梨”原是草莓的洋马甲……
TVB 台词的双关梗你也能听懂了！
无论是饮珠江水大的“老广”，
还是来广州“揾食”的新朋友，
都会在阅读此书时嘴角上扬，
因为你不仅获得了粤语技能，
更读懂了广东人的生存智慧和幽默感！

目录

粤语係乜

粤语点讲

粤语点读

粤语点用

食隻雞髀
做翻自己

粤语係乜

粤语是我国七大方言之一，通行于广东、香港、澳门、广西东南部、海南省的部分地区，以及海外华人、华侨社区。

粤语各地口音词汇有所差别，但约定俗成以广州西关语音为标准音。在粤语地区，人们习惯称之为“白话”“广州话”，外地人称粤语为“广东话”。由于是广府人的母语，又称“广府话”。

在广东省内，粤语可以分为四个主要片区：广府片区、四邑片区、粤西片区、两阳片区。历史背景、地理位置、文化交流和人口迁移等因素使各地粤语在发音、词汇上有差异。

粤语有着悠久的历史。两千多年以来，在南北、中外文化融合中逐渐形成。

先秦

秦朝前，岭南主要为古越族居住。起源于长江流域的楚国势力南扩的过程中，其文化和方言影响了岭南，粤语雏形“南楚方言”由此在南越语言基础上吸收楚方言元素形成。

秦汉

秦统一六国后，首批中原移民携中原“雅言”进入岭南，促进了汉越文化交融。汉朝士人以“雅言”传播儒家经典，迅速扩大了汉语在岭南的影响。

唐宋

唐代，珠玑巷人与贬官南迁，在岭南兴办教育，推动粤语吸收中原汉语的规范而走向成熟。宋代，粤语与中原汉语差异日益增大，并融合岭南少数民族的语言元素，发展出与现代粤语相近的语言形态。

明清

明朝时，粤语已与现代粤语大体相同。清朝以来，粤港澳地区与西方的文化交流日益频繁，粤语吸收了不少外语词汇，变得更加丰富多样。

扫码关注
听粤语

九声六调

众所周知，我们说的粤语有九个音调，但究竟是哪九个音调呢？

简单来说，粤语拥有“阴平、阴上、阴去、阳平、阳上、阳去、阴入、中入、阳入”九个音节，统称为“九声六调”。

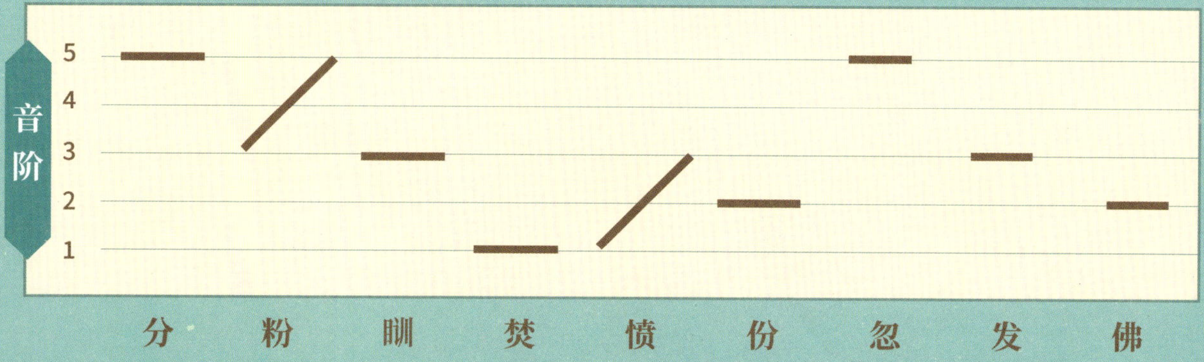

入声

粤语里所谓的“入声字”之韵母对应的是粤语的几种韵母类型（音节腹类型）。

这几种韵母类型的共同特点是：在发音的最后，口腔通道关闭，鼻咽通道也关闭，气道与外界不相通，所谓的“入声”与音节的声调是无关的。

fan1

分

fan2

粉

fan3

瞓

fan4

焚

fan5

愤

fan6

份

fat1

忽

faat3

发

fat6

佛

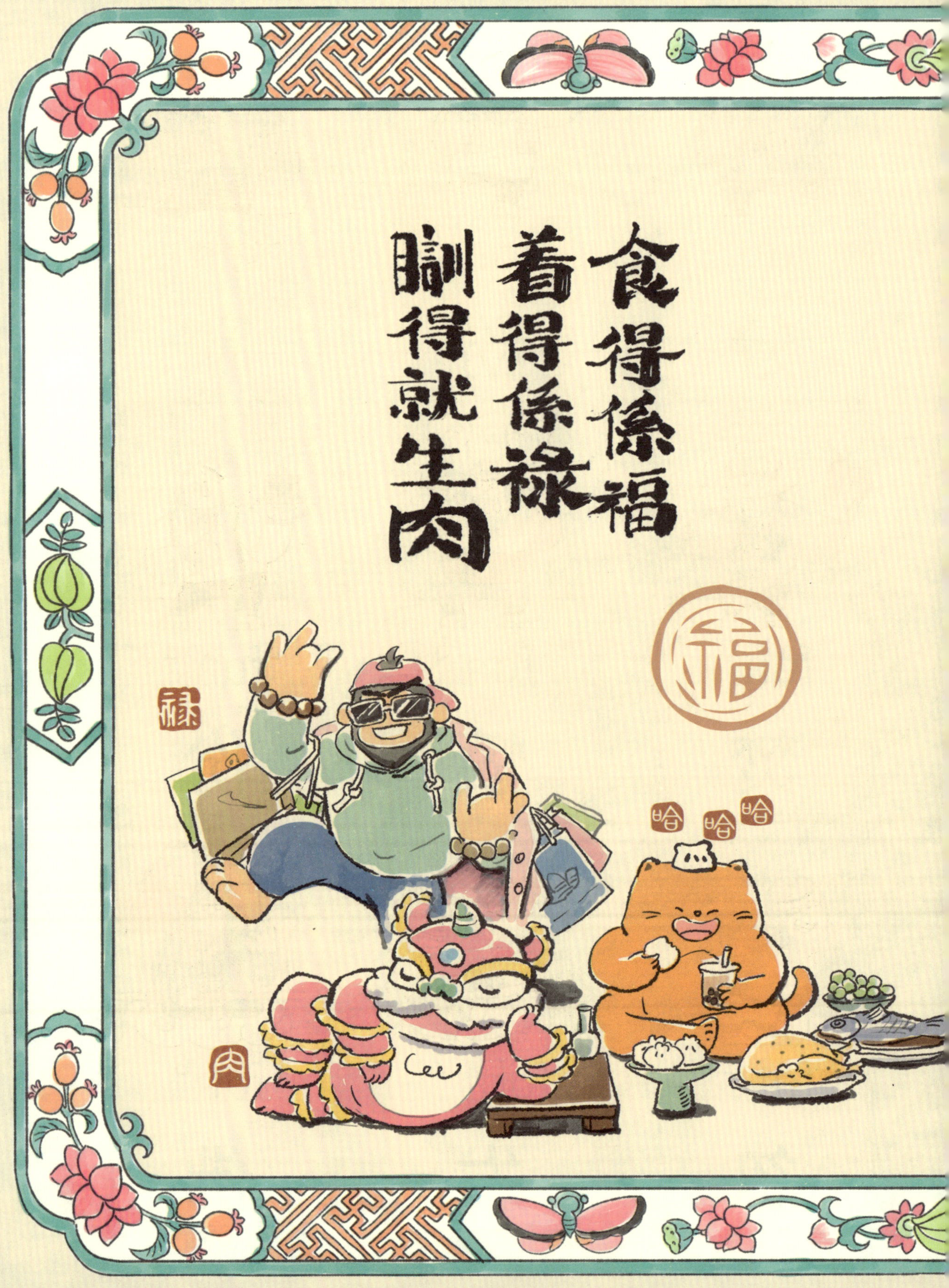
食得係福
着得係祿
瞓得就生肉
福
祿
哈
哈
哈
肉

粤语点讲

粤语作为汉语的一种重要方言，拥有大量独具特色的词汇。本章聚焦日常生活常用的粤语词汇，将其与相应的普通话词汇进行对比展示和解析。根据词性不同，分为动词、形容词、名词、量词等类别；根据内容不同，分为肢体、食物、动物等类别；根据来源不同，分为忌讳语、外来语等类别。这些粤语词汇不仅体现了广府人对日常生活的细致观察与独特理解，还以生动形象的方式突出了事物的特点，反映着广府地区的自然环境、日常生活习俗及丰富的社会文化内涵。

动作

粤语中有大量独特的动词，以描述各种动作、行为和状态。这些粤语动词不仅能反映浓郁的地方特色，还能通过与助词、副词的搭配，表达动作发生的不同时态和状态，可以在不同情境下灵活使用。

扫码关注
听粤语

走路 —粤语→ 行 haang4

知多啲 粤语用“行”来表示步行、走路，“走”在粤语中通常表示离开。

例句

粤 我**行路**都快过你开车。

普 我走路都比你开车快。

站 —粤语→ 企 kei5

例句

粤 你同我**企喺度!**

普 你给我站住。

粤 开车喇，快啲**企稳**扶好。

普 开车了，请站稳扶好。

粤 我一定**企硬**你㗎!

普 我一定支持你!

知多啲 粤语中的“企”表示站立，源于古汉语，含有站立、踮脚、盼望等意。但在现代汉语里，这种用法已不多见，大概只有“企鹅”这个词能生动形象地传达站立的含义。

蹲 —粤语→ 踎（mau1）

例句

粤　**踎低啲！** 挡住我喇！

普　蹲下！你挡着我了。

粤　你哋 **踎喺度** 做咩！

普　你们蹲在这里干什么。

背 —粤语→ 孭（me1）

例句

粤　我唔想帮人**孭镬**啊！

普　我不想替人背黑锅啊！

粤　老窦，可唔可以**孭**下我啊？

普　爸爸，可以背我吗？

拿 —粤语→ 攞 lo2

例句

粤 好重啊，攞唔嘟喇！

普 太重了，拿不动了。

粤 放心！我唔会趁你病，攞你命㗎。

普 放心！我不会趁火打劫。

盖 —粤语→ 㧻 kem2

例句

粤 咁热重㧻棉胎？

普 天气那么热，还要盖棉被？

粤 夜晚瞓觉㧻好被，唔好冻亲啊。

普 晚上睡觉盖好被子，别着凉了。

知多啲

"㧻"字还有另外两种含义：①倒闭。"呢间店㧻咗"（这家店倒闭了）；②掌掴。"㧻咗一巴掌"（扇了一巴掌）。

骗 —粤语→ 呃 ak1

例句

粤 呢啲活动都系**呃**伯爷婆㗎！

普 这些活动都是专门骗老太太的！

粤 你唔好**呃我**噃。

普 你不要欺骗我哦。

哄 —粤语→ 氹 tam3

知多啲 粤语"氹"表示哄、哄骗之意，如"氹细路""氹人入局"等。

例句

粤 你**氹**下我啦！

普 你哄哄我。

粤 佢好识得**氹**女仔㗎。

普 他很会哄女孩开心。

戳 —粤语→ 督 duk[1]

例句

粤 边个咁衰**督**我背脊啊！

普 谁在打我小报告呢！

粤 小心**督**亲手啊！

普 小心扎手！

舀 —粤语→ 𢳂 bat[1]

例句

粤 唔该帮我**𢳂**碗汤！

普 麻烦帮我舀一碗汤。

粤 快啲嚟**𢳂**饭啦！

普 快来盛饭吧。

欺负 —粤语→ 虾 haa1

例句

粤 唔可以**虾**其他同学仔啊！

普 不可以欺负其他同学哦！

粤 有我喺度，冇人敢**虾**你。

普 有我在，没人敢欺负你。

给 —粤语→ 畀 bei2

知多啲 粤语“畀”不仅能作动词，代表给、给予，也能作介词表示不同的含义。例如“佢又畀人打”的“畀”表示被，“畀佢走”的“畀”表示让。

例句

粤 **畀**啲面啦！

普 给点面子吧！

找 —粤语→ 揾（wan²）

例句

粤　你**揾**紧乜嘢啊?

普　你在找什么呢?

粤　家阵**揾**食艰难啊！

普　现在挣钱不易啊！

知多啲　粤语“揾”字有寻找、寻求的意思，如“揾人”（寻人）、“揾嘢”（找东西）等。人们基于词语的本义，创造出“揾食”“揾钱”等说法，表示为了生存外出寻找食物、寻找赚钱机会，由此衍生出“谋生”“赚钱”的含义。

想 —粤语→ 谂（nam²）

知多啲　粤语“谂”的意思是“想”，主要表示思考、考虑之意，如“谂太多”“谂清楚”等。但当表达思念时，如“我很想你”，粤语则不用“谂”，而用“我好挂住你”表示。

例句

粤　你**谂清楚**再做决定嚠。

普　你想清楚再做决定哦。

摔倒 —粤语→ 蹟低 / 跌亲

gwaan3 dai1 / dit3 can1

例句

粤 夜麻麻重戴住墨镜出街，因住**跌亲**噃。

普 天黑了还戴着墨镜出门，小心摔倒哟。

动 —粤语→ 嘟

juk1

例句

粤 你做乜**嘟嚟嘟去**啊！

普 你怎么动来动去的！

睡觉 —粤语→ 瞓觉

fan^{3} $gaau^{3}$

例句

粤 够钟**瞓觉**喇！

普 到点睡觉了！

粤 我成晚都**瞓唔着**。

普 我整晚都睡不着。

做梦 —粤语→ 发梦

$faat^{3}$ $mung^{6}$

例句

粤 琴晚**发咗个梦**，真係好得人惊啊。

普 昨晚做了个梦，真让人害怕。

$maai^4$ $daan^1$

结账 —粤语→ 埋单

知多啲 埋单的“埋”字有合拢、归拢之意，引申为合计、结算。在粤港澳的茶楼、餐厅，通常是用餐后再付款，需要先将企堂（服务员）叫到桌边，清点碗碟的数量并计算总价，写在账单上，让食客拿着账单到前台付款。食客离开餐桌时，服务员还会喊“×× 号台埋单”，以提醒前台收银。

例句

粤 老细，唔该**埋单**！

普 老板，麻烦结账！

粤 我早就**埋咗单**喇！

普 我已经结账了！

haap^{3} cou^{3}

吃醋 —粤语→ 呷醋

例句

粤 佢好容易**呷醋**㗎。

普 她很容易吃醋哟。

king^{1} gai^{2}

聊天 —粤语→ 倾偈

知多啲 据考证，“倾偈”源于古汉语词汇“謦欬（qǐng kài）”，有谈笑之意。战国时期的《庄子·徐无鬼》写道：“久矣夫，莫以真人之言謦欬吾君之侧乎！”意思是，已经很久，没有人用真挚纯朴的语言在国君身旁谈笑了。后又引申为“倾偈”，意思是“倾谈佛偈”。如今，为了便于书写表达，人们还常常写作“倾计”。

例句

粤 不如一齐饮餐茶、**倾下偈**啦?

普 不如一起到茶楼喝茶聊天吧！

洗澡 —粤语→ 冲凉

cung[1] loeng[4]

例句

粤 好热啊！我要去**冲凉**！

普 好热啊！我要洗澡！

粤 等我冲个**靓凉**先。

普 让我洗个舒服澡。

知多啲 岭南地区气候炎热，人们经常要通过洗澡来除汗散热。洗澡后人们会感到凉快，所以就把洗澡叫作“冲凉”。无论洗热水澡还是冷水澡，都可以称为“冲凉”。

打喷嚏 —粤语→ 打乞嗤

daa[2] hat[1] ci[1]

例句

粤 你今日猛咁**打乞嗤**，係唔係感冒啊？

普 你今天一直在打喷嚏，是不是感冒了？

形容词

粤语形容词以生动形象和直接表达的特点著称。这些词汇通常用直观具体的感受或比喻来描绘事物的状态。同时，它们具有丰富的感情色彩，能富有创意且幽默地传递说话者的情感和态度。

扫码关注
听粤语

做得好 —粤语→ 掂（dim6）

例句

粤　放心啦，我帮你**搞掂**。

普　放心，我帮你办妥。

粤　你呢招真係**好掂**！

普　你这招真的太好了！

糟糕 —粤语→ 大镬（daai6 wok6）／弊（bai6）

例句

粤　**弊**嘞！我唔记得带准考证嘞！

普　糟糕！我忘记带准考证！

粤　**大镬**！煤气炉唔记得熄火！

普　糟了！煤气炉忘关火了！

幸运 —粤语→ 好彩 (hou² coi²)

例句

粤 我抽奖中咗一部手机！真係太**好彩**嘞。

普 我抽奖中了一台手机！真是太幸运了！

粤 **好彩**我走得快，唔係就迟到喇。

普 幸好我走得快，不然就迟到了。

倒霉 —粤语→ 黑仔 (hak¹ zai²)

例句

粤 好**黑仔**啊！我部手机唔见咗。

普 真倒霉啊！我手机丢了。

粤 你要怪，就怪自己**黑仔**啦。

普 你只能怪自己倒霉。

抠门 —粤语→ 孤寒

gu1 hon4

例句

粤 你问呢个**孤寒鬼**借钱，肯定借唔到啦。

普 你问这个吝啬鬼借钱，肯定借不到啦。

粤 你好**孤寒**啊！

普 你真吝啬。

厉害 —粤语→ 犀利

sai1 lei6

例句

粤 你好**犀利**啊！

普 你好厉害呀！

粤 佢哋两个吵得**好犀利**。

普 他俩吵得正凶。

赶紧 —粤语→ 嗱嗱淋（naa4 naa4 lam4） 快啲（faai3 di1）

例句

粤：老窦，车嚟喇，**嗱嗱淋**冲啊！

普：老爸，车来啦，赶紧冲啊！

粤：**快啲**啦，嚟唔切喇！

普：赶紧的，来不及了！

知多啲 除了“嗱嗱淋”“快啲”外，粤语的“嗱嗱声”“喳喳淋”“快手啲”等词汇，都可以表示赶紧、快点。

磨蹭 —粤语→ 咪摸（mi1 mo1）

例句

粤：唔好咁**咪摸**啦，大家等你好耐喇。

普：不要这么磨蹭啦，大家等你很久了。

粤：**咪咪摸摸**，几时先搞得掂啊？

普：磨磨蹭蹭的，什么时候才能完成？

生气 —粤语→ 嬲 (nau1)

例句

粤 我**好嬲**啊！**嬲死**我嘞！

普 我好气！气死我了！

粤 点解佢睇起身**嬲爆爆**嘅？

普 为什么他看起来气鼓鼓的？

生气 —粤语→ 激气 (gik1 hei3)

知多啲 "激气"通常指被人惹怒，也可以直接用"激"，或"激嬲""激死""激到"……表示被惹恼。

例句

粤 你哋咁唔讲道理，真係**激气**！

普 你们太不讲道理了，真让我生气！

粤 真係**激死**我嘞！

普 真是气死我了！

恼火 —粤语→ 火滚（fo² gwan²）

例句

粤　真係越谂越**火滚**！

普　真是越想越火大！

粤　唔使咁**火滚**，我帮你话下佢喇。

普　别这么恼火，我帮你教训他。

累 —粤语→ 攰（gui⁶）

知多哟　从字形来看，“攰”字可以理解为力气透支。西晋陈寿的《三国志》中就有“弊攰之民”的记载，形容民众疲惫不堪、筋疲力尽。如今，“攰”字除了在粤语、客家话和闽南话中仍被使用外，在普通话和其他方言中已较少出现。

例句

粤　**好攰啊！**

普　好累啊！

粤　你想**攰死**我咩？

普　你想累死我吗？

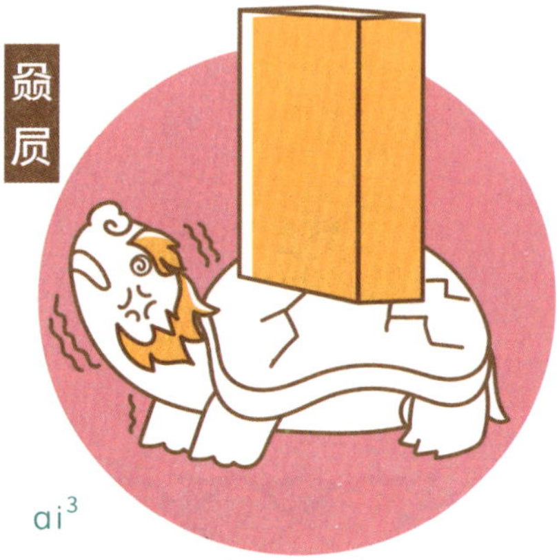

忧愁 —粤语→ 闭翳（bai3 ai3）

知多啲

“翳”原本是指古代帝王车驾上用羽毛做的遮挡阳光的华盖。其密闭的造型容易阻断空气流通，让人感到憋闷，甚至忧愁、愁闷。

另一种说法是，“闭翳”是“赑屃”的粤语谐音。赑屃是传说中龙的九个儿子之一，外形像乌龟，长期背负沉重的石碑。因此，它内心的烦恼总是难以舒展，后来成为忧愁、郁闷的象征。

广府地区还流传着一句俗语：“行通济，冇闭翳。”它来源于广东佛山的传统习俗“行通济”——正月十六，一家人举着风车、提着生菜，走过通济桥，祈求时来运转、平安顺利。

例句

粤 你呢排咁**闭翳**，係唔係有乜事啊？

普 你最近那么忧愁，怎么了？

粤 行通济，**冇闭翳**。

普 行通济桥，事事顺利！

名词

粤语的词汇特性深受其悠久历史、地域文化，以及与普通话和其他语言交流互动的影响，展现出独特的风貌。在粤语的名词中，不仅保留了诸多沿用旧称或古汉语词汇的元素，还融入了大量反映外来文化的借词，并且包含了众多体现广府地区独特文化和生活习惯的特色词汇。

扫码关注
听粤语

炒锅 —粤语→ 镬 (wok6)

知多啲 “镬”在古代指烹煮食物的大锅，《周礼·天官·亨人》记载：“掌共(供)鼎镬，以给水火之齐。”鼎和镬在古代是两种不同的烹饪器具，鼎是圆形三足两耳，也有长方四足的，多用青铜制成；镬则指无足无耳的金属器具。

锅 —粤语→ 煲 (bou1)

知多啲 粤语“煲”字既指一种直身锅具，又指用锅熬煮的动作。“煲”是英语“boil”（煮）的音译，最早出现在18—19世纪，是西方人与广州、澳门本地人交流所产生的粤语字。

平底锅 —粤语→ 鑊 (caang1)

知多啲 除了炒锅以外，平底锅具在粤语里称为“鑊”，如瓦鑊、饭鑊等。粤语还有一个词“架鑊（gaa3 cang1）”，表示工具、家伙、武器，常指赖以谋生的物品，因此又有“揾食架鑊”的说法。

汤匙 —粤语→ 匙羹 (ci4 gang1)

饭勺 —粤语→ 饭壳 (faan6 hok3)

桌子 —粤语→ 台 toi²

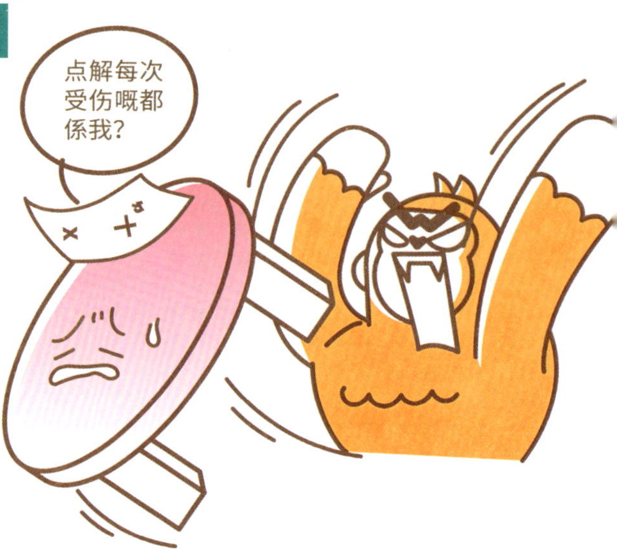

例句

粤　佢脾气好火爆㗎，倾唔埋就**反台**。

普　他脾气很火爆，一言不合就掀桌子翻脸。

椅子 —粤语→ 凳 dang³

知多啲　椅子、板凳等坐具，无论是否有靠背，在粤语里通常都称为“凳”。例如，有靠背的椅子叫作“挨髀（peng¹，肋骨）凳”，小板凳叫作“凳仔”，木制长条凳叫作“桥凳”，塑料椅叫作“胶凳”。

例句

粤　担张**凳**过嚟坐啦！

普　搬一把椅子过来坐吧。

双层床 —粤语→ 碌架床

luk[1] gaa[2] cong[4]

例句

粤 妈咪，我唔想瞓**碌架床**啊！

普 妈妈，我不想睡双层床！

抽屉 —粤语→ 柜筒

gwai[6] tung[2]

例句

粤 你**柜筒**里面好多零食！

普 你的抽屉里有好多零食！

漱口杯 —粤语→ 喉口盅

long[2] hau[2] zung[1]

知多啲 “喉”字的意思是涮洗，表示用水在器物中摇动冲洗，如“喉口”即漱口，“喉杯”“喉碗”即用水涮洗杯子或碗。此外，俗语“把口喉过油”形容某人仿佛用油漱口一样，油嘴滑舌、能说会道。

例句

粤 你咪用人哋嘅**喉口盅**啦！

普 你别用人家的漱口杯啊！

肥皂 —粤语→ 番枧

faan[1] gaan[2]

知多啲 古人用草木灰、皂角等碱性物质洗澡清洁，称为“土碱”。清末，西方的化工产品肥皂传入中国，被广东人称为“番枧”，原本的“碱”字被书写更简便的“枧”字代替。

“枧”字可以单独使用，或搭配组合为相关物品的名称，例如：一嚿枧（一块肥皂）、香枧（香皂）、枧盒（肥皂盒）、枧粉（洗衣粉）。

例句

粤 你想买**番枧**定係冲凉液啊？

普 你想买肥皂还是沐浴露？

水龙头 粤语 → 水喉（seoi² hau⁴）

知多啲 水喉控制水流通断，就像喉咙可以控制吞咽。

例句

粤 呢个**水喉**拧唔开嚿。

普 这个水龙头拧不开呢。

电吹风 粤语 → 风筒（fung¹ tung²）

例句

粤 呢个**风筒**啲风好劲啊！

普 这个电吹风的风力太强了！

尺子 —粤语→ 间尺 (gaan3 cek2)

剪刀 —粤语→ 铰剪 (gaau3 zin2)

削笔刀 —粤语→ 笔刨 (bat1 paau2)

裁纸刀 —粤语→ 锲刀 (gaai3 dou1)

橡皮擦 —粤语→ 胶擦

gaau[1] caat[3]

棉被 —粤语→ 棉胎（min4 toi1）

例句

粤　我特登搵人打咗张十斤嘅**棉胎**，绝对暖粒粒！

普　我特地找人打了一张十斤重的棉被，绝对暖和！

粤　呢张**棉胎**太厚喇！

普　这张棉被太厚了！

毯子 —粤语→ 毡（zin1）

例句

粤　好热啊！我唔想扻**毡**喇！

普　好热啊！我不想盖毯子了！

粤　**拉舍尔毡**係我哋广东省“省被”嚟㗎。

普　拉舍尔毛毯是我们广东省的“省被”。

laang[1] saam[1]

毛衣 —粤语→ 冷衫

知多啲 冷衫的“冷”字来源于法语词汇“laine”，意思是羊毛、毛线，可以代表所有毛织品。除了冷衫（毛衣）外，还有冷裤、冷帽、冷袜、冷背心等。

例句

粤　我好冻啊，快啲畀件**冷衫**我着啦。

普　我好冷啊，快把毛衣给我穿吧。

粤　我买咗两咀**冷**，织条围巾畀你啦！

普　我买了两团毛线，给你织一条围巾吧。

seot[1] saam[1]

衬衫 —粤语→ 恤衫

知多啲 恤衫的“恤”由英语“shirt”音译而来，“衫”是粤语对于上衣的统称。

例句

粤　老窦，你件新**恤衫**好型啊！

普　老爸，你的新衬衫好帅啊！

daai6 lau1

大衣 —粤语→ 大褛

估估下 粤语“褛”是外套、大衣的总称，除了“大褛”外，还可搭配成什么词语呢？

例句

粤 你居然偷偷着你老窦件**风褛**。

普 你居然偷偷穿你爸的风衣。

粤 好大风啊，褛多件**褛**啦！

普 好大风啊，多披件外套吧。

gou1 zaang1 haai4

高跟鞋 —粤语→ 高踭鞋

知多啲 粤语“踭”是指手肘、脚后跟，此处“高踭鞋”的“踭”表示脚后跟。

例句

粤 你居然着住**高踭鞋**嚟爬山？

普 你居然穿着高跟鞋来爬山？

量词

粤语量词的独特之处在于，它们往往能细腻描绘事物的具体形态和特点，表达更生动贴切。部分粤语量词还保留了古汉语的元素和使用习惯，体现了古汉语的传承，如一箸菜的“箸”。粤语量词还能巧妙地传达说话者的情感色彩，增添交流的温度，如“一额汗”“一壳眼泪”。

扫码关注
听粤语

一团饭 —粤语→ 一嚿饭

jat[1] gau[6] faan[6]

知多啲 粤语“嚿”表示团、块等量词，常见搭配包括“一嚿饭”“一嚿石”“一嚿叉烧”“两嚿胶擦”等。其中，“一嚿饭”和“一嚿叉烧”也是常用的粤语俗语，比喻笨拙、迟钝、什么都做不好的人。

例句

粤 佢**成嚿饭**噉，一啲都唔醒目。

普 他像个饭团似的，一点儿都不机灵。

一筷子菜 —粤语→ 一箸菜

jat[1] zyu[6] coi[3]

知多啲 “箸”即筷子，在粤语中由名词变成量词，以“一箸”为单位，表示一筷子夹起来的食物，如“一箸菜”“一箸面”“一箸炒粉”等。

例句

粤 你夹多**几箸菜**啦。

普 你多夹些菜吧。

jam^{2} daam^{6} tong^{1}

喝口汤 —粤语→ 饮啖汤

估估下 粤语“啖”表示“一口”的意思，如饮啖汤（喝口汤）、咬啖肉（咬一口肉）、唞啖气（歇口气）、锡一啖（亲一口）。古汉语的“啖”字也有相近的含义，宋朝诗人苏轼曾写下诗句：“日啖荔枝三百颗，不辞长作岭南人。”你知道这里的“啖”是什么含义吗？

例句

粤 你**饮啖汤**啦，真係好好味㗎！

普 你尝一口汤吧，味道真的很不错！

jat^{1} po^{1} syu^{6}

一棵树 —粤语→ 一裔树

知多啲 粤语“裔”代表棵、颗、株等量词，常见搭配包括“一裔树”“一裔菜”等。

例句

粤 广州人过年，梗係要喺屋企**摆裔桃花**啦。

普 广州人过年，当然要在家摆一株桃花啦。

一块地 —粤语→ 一笪地

jat1 daat3 dei6

例句

粤 就留咁细**笪地**畀我，边度够我发挥啊。

普 只留这么小块地给我，怎么够我发挥呢。

一堵墙 —粤语→ 一埲墙

jat1 bung6 coeng4

例句

粤 小心啊，前面有**埲墙**！

普 小心，前面有一堵墙！

一根木头 → 粤语 → 一碌木

jat[1] luk[1] muk[6]

知多啲 粤语“碌”相当于一根、一节，通常用于形容圆柱状的物体，例如“一碌木”“一碌竹”等。

例句

粤 你唔好**成碌木**噉企喺度啦。

普 你别像根木头一样站在这里。

一撮毛 → 粤语 → 一执毛

jat[1] zap[1] mou[4]

例句

粤 唔该帮我剪短啲呢**两执头发**。

普 麻烦帮我把这两撮头发剪短。

一坨屎 —粤语→ 一笃屎

jat1 duk1 si2

例句

粤 边个只狗喺电梯度屙咗**笃屎**啊！

普 谁家的狗在电梯里拉了坨屎啊！

一把汗 —粤语→ 一额汗

jat1 ngaak6 hon6

例句

粤 啱先真係吓到我**一额汗**啊！

普 刚刚真是吓得我捏了一把汗啊！

五分钟 

jat1 go3 zi6

一个字

一小时 

jat1 nap1 zung1

一粒钟

一毛钱 

jat1 hou4 zi2

一毫纸

一元 

jat1 man1 gai1

一蚊鸡

一百元 

jat1 gau6 seoi2

一嚿水

肢体

粤语的身体部位名称丰富多样，通常使用简单直接的词汇、形象生动的比喻，以及富有地方特色的表达方式，充分体现广府地区的文化和语言特色。

扫码关注
听粤语

ngaan5 yap1 mou1
眼挹毛
普 眼睫毛

ji5 zai2
耳仔
普 耳朵

zau2 nap1
酒凹
普 酒窝

bei6 go1
鼻哥
普 鼻子

min6 zyu1 dan1
面珠墩
普 脸蛋

lei6
脷
普 舌头

bei6 go1 lung1
鼻哥窿
普 鼻孔

知多啲 有关身体部位的粤语俗语：

惊到**鼻哥窿**都冇肉。

知多啲 有关身体部位的粤语俗语：

手指拗出唔拗入。

sau2 zi2 gung1
手指公
普 大拇指

sau2 baan2
手板
普 掌心

sau2 zi2 mei1
手指屘
普 小指

sau2 zi2 laa3
手指罅
普 指缝

知多啲

有关身体部位的粤语俗语：

等到**颈**都长。　**吊颈**都要唞啖气。

geng2

颈

普 脖子

bui3 zek3

背脊

普 后背

gaak3 lak1 dai2

胳肋底

普 腋下

lo1 jau2

啰柚

普 屁股

sat1 tau4 go1

膝头哥

普 膝盖

知多啲

有关身体部位的粤语俗语：

膝头对上就係**髀**。

知多啲 有关身体部位的粤语俗语：

鬼拍**后尾枕**。

知多啲 有关身体部位的粤语俗语：

头壳顶飙烟。

hau⁶ mei⁵ zam²

后尾枕

普 后脑勺

tau⁴ hok³ deng²

头壳顶

普 头顶

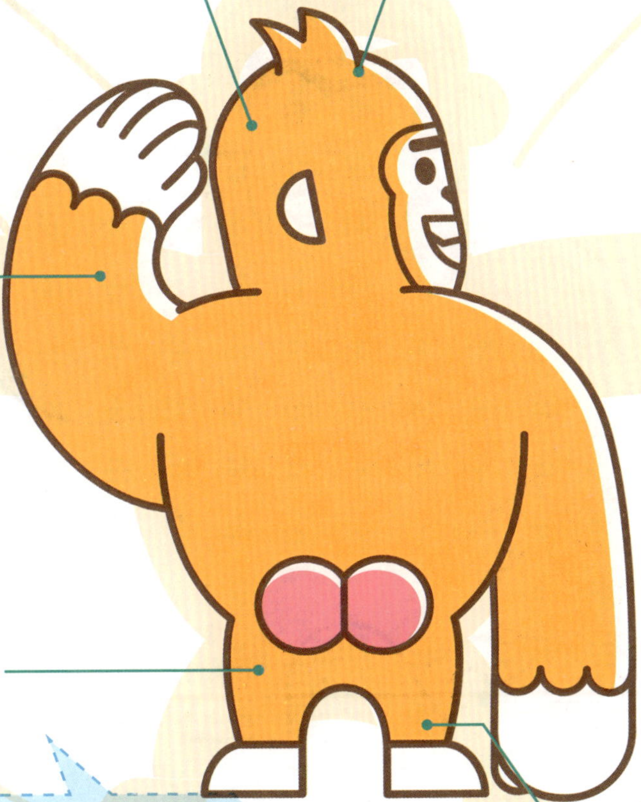

sau² gwaa¹

手瓜

普 手臂

daai⁶ bei²

大髀

普 大腿

知多啲 有关身体部位的粤语俗语：

手瓜粗过**大髀**。

goek³ gwaa¹ nong¹

脚瓜瓤

普 脚肚子

知多啲

有关身体部位的粤语俗语：

托**手䟴**。

bok³ tau⁴

膊头

普 肩膀

sau² zaang¹

手䟴

普 手肘

sam¹ hau²

心口

普 胸口

goek³ baan² dai²

脚板底

普 脚底

goek³ zi² gung

脚趾公

普 大拇趾

goek³ zaang¹

脚䟴

普 脚后跟

知多啲

有关身体部位的粤语俗语：

斩**脚趾**避沙虫。

行运行到**脚趾尾**。

食物

广东的菜市场中，蔬菜和水果种类繁多，家禽与牲畜的不同部位被细致区分并充分利用，河鲜和海产资源也极为丰富。掌握这些食物的粤语称呼，能让你上街买菜更得心应手。

扫码关注
听粤语

je4 coi3
椰菜
普 包菜

syu4 zai2
薯仔
普 土豆

aai2 gwaa1
矮瓜
普 茄子

faan1 syu4
番薯
普 地瓜

waai4 saan1
淮山
普 山药

maa5 tai2
马蹄
普 荸荠

suk1 mai5
粟米
普 玉米

sing3 gwaa1

胜瓜

普 丝瓜

jyun4 sai1

芫茜

普 香菜

ung3 coi3

蕹菜

普 通心菜

haam4 syun1

咸酸

普 腌菜

tai4 zi2

提子

普 葡萄

luk1 jau2

碌柚

普 柚子

gai1 si2 gwo2

鸡屎果

普 番石榴

zyu1 lei6
猪脷
普 猪舌头

zyu1 waang4 lei6
猪横脷
普 猪脾脏

mui4 lau5
梅柳
普 里脊肉

zyu1 jeon2
猪膶
普 猪肝

zyu1 hung4
猪红
普 猪血

zyu1 zin2
猪展
普 猪腱子

gai1 hong2

鸡项

普 小母鸡

gai1 naa2

鸡乸

普 母鸡

sin3 gai1

骟鸡

普 阉鸡

gai1 san5

鸡肾

普 鸡胗

gai1 jik6

鸡翼

普 鸡翅

gai1 bei2

鸡髀

普 鸡腿

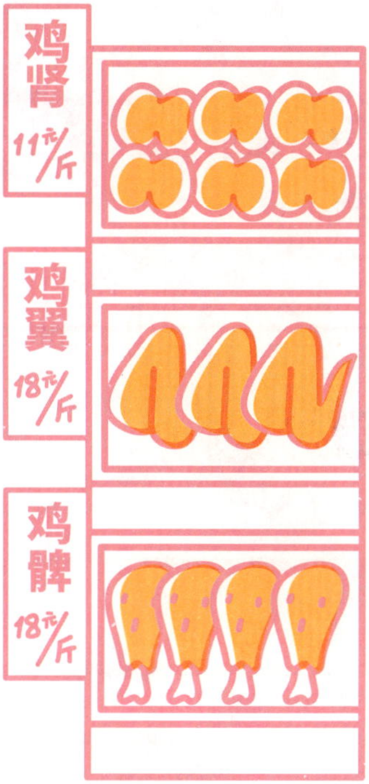

saang1 gai1

生鸡

普 小公鸡

zuk1 si1 gai1

竹丝鸡

普 乌骨鸡

mok[1] pei[4] ngau[4]
剥皮牛
普 马面鱼

laai[6] niu[6] haa[1]
赖尿虾
普 皮皮虾

gai[1] pou[5] jyu[2]
鸡泡鱼
普 河豚

fei[1] zau[1] zak[1]
非洲鲫
普 罗非鱼

jyu[4] daan[2]
鱼蛋
普 鱼丸

lung[4] dan[2]
龙趸
普 石斑鱼

jyu[4] pok[1]
鱼泡
普 鱼鳔

seoi[2] jyu[2]
水鱼
普 甲鱼

taat[3] saa[1] jyu[2]
挞沙鱼
普 比目鱼

动物

岭南地区温暖湿润的气候为多种生物提供了理想的生存环境。从大象、猴子等哺乳动物，到各种昆虫、蛇类、鸟类，粤语中都有独特的称呼。这些特别的叫法体现了人们对自己生活环境的细致观察，以及与大自然和谐相处的方式。

扫码关注
听粤语

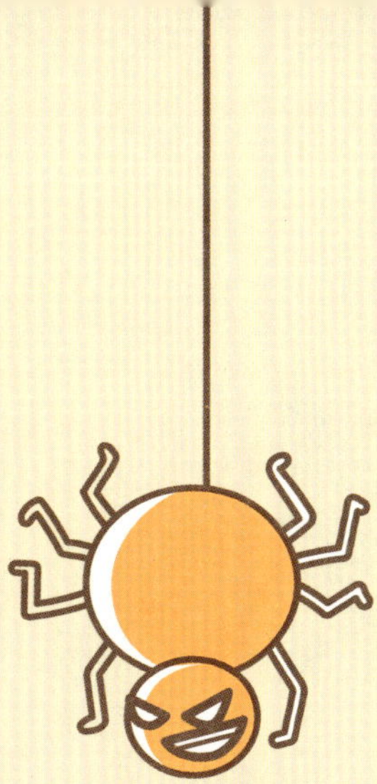

kam4 lou2

蠄蟧

普 蜘蛛

gaat6 zaat2

甲甴

普 蟑螂

wong4 hyun2

黄蟮

普 蚯蚓

baak3 zuk1

百足

普 蜈蚣

kei4 naa2

蜞乸

普 水蛭

tong4 mei1

塘蝞

普 蜻蜓

cau3 pei3 laat3

臭屁瘌

普 臭虫

wu1 jing4

乌蝇

普 苍蝇

kam4 keoi2

蠄蟝

普 蟾蜍

tin4 gai1

田鸡

普 青蛙

ang1 go1

莺哥

普 鹦鹉

man1 zi1

蚊螆

普 飞虫

liu4 go1

鹩哥

普 八哥

daai6 ban6 zoeng6

大笨象

普 大象

kwai4 syu2

葵鼠

普 豚鼠

maa5 lau1
马骝
普 猴子

jim4 se2
檐蛇
普 壁虎

zoek3 zai2
雀仔
普 小鸟

joeng4 me1
羊咩
普 小羊

faan6 caan2 tau4
饭铲头
普 眼镜蛇

忌讳语

广东人注重“好意头”，在语言表达上会避开带有负面联想或不吉利含义的词汇，而倾向于使用寓意吉祥、积极向上的词语。对于那些直接或间接（包括同音字和近音字）带有不好寓意的词，人们通常会选择反义词或是意思相近但更正面的替代词，从而形成了独具特色的语言习惯。

扫码关注
听粤语

干杯 —粤语→ 饮胜

jam2 sing3

知多啲 广府人视水为财，忌讳代表干枯、干涸的“干”，因此用“饮胜”代替“干杯”。

通书 —粤语→ 通胜

tung1 sing3

知多啲 通书又称历书，是按照一定历法记述年、月、日、节气等内容的图书，即年历、月历、日历等。粤语的“书”与“输”同音，“通书”容易让人联想到“通通输掉”，为取好意头，改称“通胜”。

空屋 —粤语→ 吉屋

gat1 uk1

知多啲 粤语的“空”与“凶”读音相同，容易让人联想到不祥的事物，因此用“吉”字代替，“吉屋”表示空房子。除了“吉屋”外，还有“吉铺”（空店铺）、“交吉”（交付已腾空的房屋）。

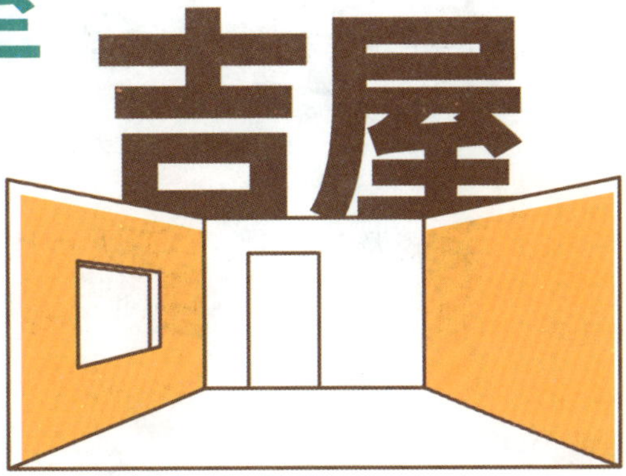

猪舌 —粤语→ 猪脷

zyu^{1} lei^{6}

知多啲 粤语的“舌”与寓意亏本的“蚀”读音相同，人们用反义词“获利”的“利”字，加上代表肉类的“月”字旁，创造出代表舌头的“脷”字。

猪肝 —粤语→ 猪膶

zyu^{1} $jeon^{2}$

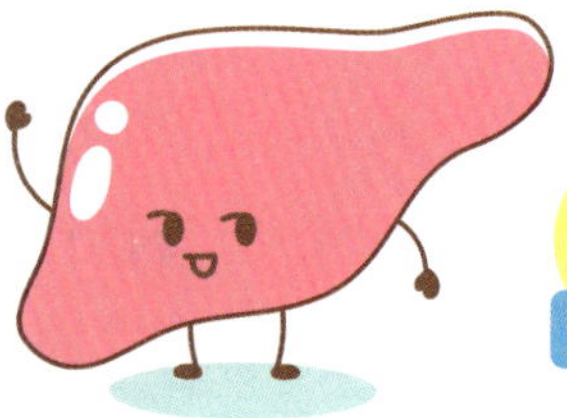

知多啲 猪肝的“肝”与“干”同音，有干涸、枯竭之意，因此人们取寓意丰润的“润”字，换上代表肉类的“月”字旁，创造出代表肝的“膶”字。

去世 —粤语→ 过身

gwo^{3} san^{1}

知多啲 谈及死亡时，广府人忌讳“死”的字眼，一般用“过身”“走咗”等表示。

打伞 —粤语→ 担遮 daam^{1} ze^{1}

知多啲 “伞”的读音与“散”相同，有离散、失去的含义，因此人们根据雨伞遮风挡雨的功能，用“担遮”代替“打伞”。

丝瓜 —粤语→ 胜瓜 sing^{3} gwaa^{1}

知多啲 粤语“丝”的读音与“输”相近，容易让人联想到失败、赔钱，因此取反义字“胜”代替，将“丝瓜”称为“胜瓜”。

伯母 —粤语→ 伯娘 baak^{3} noeng^{4}

知多啲 粤语“伯母”谐音“百无”，因此取意思相近的“伯娘”或意思相反的“伯有”代替。

外来语

粤语地区作为中国最早与西方文化接触的区域之一。在多种文化交流融合的过程中，新鲜事物和潮流趋势的引入，催生了大量新词汇——外来语。随着时间推移，部分外来语不仅在粤语中扎根生长，还逐渐被吸收到现代汉语之中，成为全国各地人们日常交流的一部分。

扫码关注
听粤语

ze1 lei2

果冻 —粤语→ 啫喱

知多啲 “啫喱”来源于英语“jelly（果冻）”和“gelatine（明胶）”，指的是零食果冻。

fei1 lam2

胶卷 —粤语→ 菲林

知多啲 “菲林”是英语“film”的音译，表示胶卷、胶片。

草莓 —粤语→ 士多啤梨

si⁶ do¹ be¹ lei²

知多啲 "士多啤梨"来源于英语的"strawberry"。

例句

粤 听日一齐去摘**士多啤梨**啦！

普 明天一起去摘草莓吧！

樱桃 —粤语→ 车厘子

ce¹ lei⁴ zi²

知多啲 "车厘子"来源于英语的"cherry"。

例句

粤 呢啲**车厘子**又甜又大粒嚁！

普 这些樱桃又甜又大颗哦！

扳手 —粤语→ 士巴拿

si6 baa1 naa2

知多啲 "士巴拿"来源于英语的"spanner",指用于拧紧螺帽、螺栓的扳手。粤语有"冇柄士巴拿——死剩把口",意思是扳手失去手柄后,只剩下开口的部分。人们常用这句话,形容没有能说服他人的理由和依据,却依然嘴硬的人。

例句

粤 麻烦递支**士巴拿**畀我。

普 请把扳手递给我。

领带 —粤语→ 领呔

leng5 taai1

知多啲 "领呔"的"呔"来源于英语"tie"。

例句

粤 我专登买咗条新**领呔**。

普 我特地买了一条新领带。

充电 —粤语→ 叉电（caa1 din6）

知多啲 “叉电”由英语“charge”音译而来，代表充电。

小卖部 —粤语→ 士多（si6 do1）

知多啲 “士多”来源于英语的“store”，意为百货商店。

看球 —粤语→ 睇波

tai² bo¹

知多啲

“睇波”是一个古汉语与外来语结合形成的粤语词汇。

“睇”的意思是微微斜视、看，例如，在“离娄微睇兮，瞽以为无明”（战国屈原《九章·怀沙》）、“仰睇天路，俯促鸣弦”（晋代陶渊明《闲情赋》）等古代文学作品中均有出现。

“波”字则来源于英语“ball”，意为“球”，例如睇波、踢波、波鞋等。当遇到球员、球门等比较书面的用语，以及篮球、足球、羽毛球等特定球类运动时，则依然用“球”。此外，乒乓球往往被称为“乒乓波”，乒乓球拍又叫“波拍”。

例句

粤　今晚嚟我屋企**睇波**啦！

普　今晚来我家看球吧！

maai5 fei1

买票 —粤语→ 买飞

知多啲 “买飞”的“飞”来源于英语“fare”，指票价、车船费用等，引申出票的含义。例如，门票叫作“门飞”，船票叫作“船飞”，演出票、电影票叫作“戏飞”。

例句

粤 我买咗**两张飞**，一齐去游乐场啦！

普 我买了两张票，一起去游乐场吧！

dik1 si6

出租车 —粤语→ 的士

知多啲 “的士”来源于英语的“taxi”。“taxi”在20世纪20年代进入香港后，人们用粤语音译词“的士”来表示出租车，坐出租车又称为“打的”。

例句

粤 使唔使帮你**截的士**啊？

普 需要帮你打车吗？

蹦极 →粤语→ 笨猪跳（ban6 zyu1 tiu3）

知多啲 “蹦极”的英文为“bungee jumping”，bungee 与粤语的“笨猪”读音相近，因此蹦极这项运动被老广们称为“笨猪跳”。

吊钢丝 →粤语→ 吊威吔（diu3 wai1 jaa2）

知多啲 “吊威吔”是影视行业常用的拍摄手段，演员被钢丝线固定，悬挂在空中完成各种动作。这个词语起源于香港，“威也”是英语“wire”的音译词，意思是金属丝、钢丝线。

粤语小测试

题号	1	2	3	4	5	6	7	总分
得分								

1. 下列四项中，与其余三项不同的一项是：

A 新郎哥

B 膝头哥

C 学生哥

D 细佬哥

2. 俗语“一部通书睇到老”是指：

A 学无止境

B 老而弥坚

C 食古不化

D 持之以恒

3. 下列哪个词在粤语中表示“结巴”：

A 多口

B 喽口

C 爽口

D 讲数口

4.“边有咁大只蛤乸随街跳”意思是：

- Ⓐ 那边有一只很大的母蛤蟆在跳
- Ⓑ 哪里有这么大的青蛙到处跳
- Ⓒ 天下没有免费的午餐
- Ⓓ 狗拿耗子，多管闲事

5.“听日晏昼四点八个字喺车站见，嚟迟就唔等你喫喇！”这句话中，约定的时间是：

- Ⓐ 上午四点零八分
- Ⓑ 下午四点零八分
- Ⓒ 下午四点四十八分
- Ⓓ 下午四点四十分

6. 下列哪项是粤语“油膉味”的正确解释：

- Ⓐ 油炸食物的香味
- Ⓑ 油脂变质后的酸败味
- Ⓒ 烧烤的焦香味
- Ⓓ 海鲜的腥味

7. 下列哪项使用了粤语忌讳语：

- Ⓐ 老板“炒鱿鱼”
- Ⓑ 电梯楼层“3A”
- Ⓒ 阿婆“执死鸡”
- Ⓓ 互相称呼“衰鬼”

粤语小测试答案：BCBCDBB

又有米
又有計

粤语点读

粤语有独特的声母、韵母和声调系统，因此在发音上与普通话存在显著的差异。随着普通话的广泛普及，不少人在学习和使用粤语时，难免先入为主地将普通话的发音习惯运用到粤语上，从而导致发音不准，甚至词不达意。本章选取部分易读错的粤语词汇，通过标准正确的粤语读音、常见的错误读音以及同音字来进行对比分析，帮助大家纠正发音，加深对粤语语音系统的理解。

易错读音

习惯说普通话的粤语区朋友，切换到粤语频道后，部分词汇也会遵循普通话的发音，直译为粤语，从而出现一些容易读错的粤语字词。普通话有多音字，粤语同样有。有些粤语多音字甚至在普通话里都不做区分，因此对于不熟悉粤语的朋友来说，唯有多说多练才能掌握。

扫码关注
听粤语

彩铅

▲

读音

☒ cim^1 [签]

☑ jyun^4 [元]

非遗

▲

读音

☒ ji^4 [仪]

☑ wai^4 [维]

崇拜

▲

读音

☒ cung^4 [从]

☑ sung^4 [送^4]

闪烁▲ 读音

☒ sok3 [索]

☑ soek3 [削]

儋州 ▲ 读音

☒ zim1 [詹]

☑ daam1 [担1]

诅咒 ▲ 读音

☒ zeoi2 [嘴]

☑ zo3 [左3]

禀报 ▲ 读音

☒ bing2 [丙]

☑ ban2 [品]

诱饵 读音

☒ ji5 [耳]

☑ nei6 [腻]

拯救 读音

☒ zing2 [整]

☑ cing2 [请]

绯闻 读音

☒ fei2 [匪]

☑ fei1 [非]

嘲笑 读音

☒ ciu4 [瞧]

☑ zaau1 [爪1]

沿江

读音
☒ jin4 [言]
☑ jyun4 [原]

宏图

读音
☒ hung4 [红]
☑ wang4 [泓]

豌豆

读音
☒ waan1 [弯]
☑ wun1 [剜]

窃听

读音
☒ cit3 [彻]
☑ sit3 [泄]

反馈

读音
☒ kwai2 [溃]
☑ gwai6 [跪]

卧室

读音
☒ wo6 [祸]
☑ ngo6 [饿]

伴随

读音
☒ seoi4 [谁]
☑ ceoi4 [徐]

迁徙

读音
☒ sai2 [洗]
☑ saai2 [晒 2]

凝聚

读音

☒ ning^4 [宁]

☑ jing^4 [迎]

消防栓

读音

☒ cyun^4 [全]

☑ saan^1 [山]

绚烂缤纷

读音

☒ syun^3 [算]

☑ hyun^3 [劝]

冷萃咖啡

▲

读音

☒ ceoi3 [脆]

☑ seoi6 [睡]

刚愎自用

▲

读音

☒ fuk1 [复]

☑ bik1 [逼]

昙花一现

▲

读音

☒ taan4 [坛]

☑ taam4 [谭]

粤语小测试

题号	1	2	3	4	5	6	7	总分
得分								

1. 下列四个选项中，“番”字读音不同的一项是：

Ⓐ 番薯

Ⓑ 番禺

Ⓒ 番茄

Ⓓ 三番四次

2. “奀”是常用的粤语字，表示瘦小。它的粤语读音是：

奀

Ⓐ nap^{1}（粒）

Ⓑ ngan^{1}（银^{1}）

3. “揼波钟”中的“揼”读音是：

Ⓐ dam^{1}

Ⓑ dam^{2}

Ⓒ dap^{6}

Ⓓ daap^{6}

4.“下列哪组词语中，“度”的粤语读音不同？

A 温度 / 度量衡

B 度假村 / 度桥

C 猜度 / 测度

D 度日如年 / 幅度

5.“朝”在哪个词语中，粤语读作“ziu^{1}”：

A 朝鲜

B 朝代

C 朝见

D 朝早

6. 甩头甩骨的“甩”粤语读音是：

A lat^{1}

B seot^{1}

C juk^{1}

D fan^{1}

7.“你看见楼下的人吗？全都穿着最新款的卫衣。”这句话里，两个“的”字翻译为粤语分别是：

A 啲；啲

B 嘅；嘅

C 啲；嘅

D 嘅；啲

見人講早晨
畀人當e
早餐供应
油条
白粥
猪肠粉
净云吞
斋面粉
牛腩面粉
云吞面粉
早晨啊！
咁多位!!
有时我想

粤语点用

在掌握粤语词汇与读音后，本章将介绍更多实用的粤语知识。从日常对话中不可或缺的基础用语，到能够生动描绘情境的俗语俚语；从与普通话书写相同却含义不同的词语，到充满表现力的表达方式。通过深入学习，不仅能在日常交流中更加得心应手，还能为对话注入更多的趣味性和真实性，从而更深刻地领略粤语独特的魅力与丰富的文化内涵。

日常用语

掌握粤语的日常用语不仅有助于更好地融入粤语环境，还能使交流更加自然流畅、亲切动人，同时能够更精准地表达情感与态度。

扫码关注
听粤语

谢谢

粤语 → do[1] ze[6] **多谢**

受到别人的帮助或收到赠予的礼物、钱财与祝福时，表示感谢。

m[4] goi[1] **唔该**

劳烦他人帮忙或让别人借出财物时，表示感谢，相当于劳驾、请。

不用客气

粤语 → m[4] sai[2] haak[3] hei[3] **唔使客气**

例句

粤 **唔该**帮我开三位茶。

普 请帮我开三人的茶位。

粤 **唔使客气**㗎，睇啱边样餸就点啦。

普 不用客气，看中哪道菜，请尽管点。

粤 **多谢**你今日请我饮茶，下次我请翻你。

普 谢谢你今天请我喝茶，下次换我请你。

早上好 —粤语→ 早晨 (zou² san⁴)

例句

粤 陈伯，**早晨啊**！买完菜翻嚟喇？

普 陈伯，早上好！买完菜回来啦？

早点休息 —粤语→ 早唞 (zou² tau²)

例句

粤 今晚**早唞啦**！听日一早就要出发喇。

普 今晚早点休息，明天一早就要出发了。

打扰了 → 粤语 → 打搅晒

daa² gaau² saai³

例句

粤 真係唔好意思，**打搅晒**你哋休息。

普 真是不好意思，打扰你们休息了。

一般般 → 粤语 → 麻麻地

maa⁴ maa² dei²

例句

粤 嗰间餐厅嘅味道确实**麻麻地**。

普 那家餐厅的味道确实一般般。

小意思 → 粤语 → 湿湿碎

sap¹ sap¹ seoi³

例句

粤 **湿湿碎**啫，好快就搞得掂！

普 小意思！一会儿就能解决。

ni1 dou6

这里 —粤语→ 呢度

go2 dou6

那里 —粤语→ 嗰度

bin1 dou6

哪里 —粤语→ 边度

知多啲 粤语“度”相当于普通话“这里”的“里”“此处”的“处”，常搭配为“呢度”“果度”等指示地点。单独使用时，“度”也可表达“这里”的意思，如“喺度”就是“在这里”。

zan1 hei6 gaa3

真係㗎？

dim2 gaai2 ge2

点解嘅？

知多的 粤语“点”的意思是怎样、怎么，常用于表示疑问，如“点样”（怎样）、“点办”（怎么办）、“点睇”（怎么看）、“点解”（为什么）等。

nei5 hou2 lek1 aa3

你好叻啊！

是但 si[6] daan[5]

求其 kau[4] kei[4]

係噉意 hai[6] gam[2] ji[2]

知多啲 粤语“是但”“求其”“係噉意”都有随便的意思，又略有区别。“求其”不仅可以表示随便，也可表示马马虎虎。“係噉意”则有意思意思、做个样子的含义。

生动俗语

粤语有许多生动有趣的俗语和俚语，往往使用具体的形象，描述抽象的概念或情感，令语言表达直观易懂，表现力更加丰富。

扫码关注
听粤语

分手 —粤语→ 揼煲 (deng[3] bou[1])

例句

粤 你知唔知小明同小美**揼煲**啊？

普 你知道小明和小美分手了吗？

复合 —粤语→ 箍煲 (ku[1] bou[1])

例句

粤 小明咁急住落班，肯定係揾小美**箍煲**啦。

普 小明这么急着下班，一定是找小美复合呢。

胡说八道 —粤语→ 发(faat3)噏(ngap1)风(fung1)

例句

粤 咪听佢**发噏风**啦，都係呃你嘿。

普 别听他胡说八道，都是骗你的。

财迷心窍 —粤语→ 发(faat3)钱(cin2)寒(hon4)

例句

粤 地下见到一毫纸都要执，你真係**发钱寒**啊！

普 路上看见一毛钱也要捡，你真是个财迷。

视力不佳 —粤语→ 发鸡盲

faat3 gai1 maang4

知多啲 鸡盲即夜盲症。鸡、雀等动物入夜后无法看清，直到天亮才会恢复视力。因此“发鸡盲”通常用来人形容视力不佳、注意力不集中或观察力不强。

例句

粤 睇路啦，係唔係**发鸡盲**啊！

普 看路呀，你是不是眼睛不好使。

臭美 —粤语→ 发姣

faat3 haau4

例句

粤 佢日日喺我面前**发姣**，真係睇到想呕！

普 他每天在我面前臭美，真是让人想吐！

发呆 —粤语→ 发吽哣

faat3 ngau6 dau6

例句

粤 咪坐喺度**发吽哣**喇!

普 别坐在这发呆了。

发脾气 —粤语→ 发烂渣

faat3 laan6 zaa2

例句

粤 佢一有乜唔顺心，就**发晒烂渣**。

普 他一遇到不顺心的事，就爱发脾气。

发神经 ——粤语→ 发瘟（faat3 wan1）

例句

粤 你重未做晒功课？真係**发瘟**啰！

普 你还没做完作业？真是疯了！

撒野 ——粤语→ 发狼戾（faat3 long1 lai2）

知多啲 《战国策·燕策》记载“夫赵王之狼戾无亲”，其中“狼戾”的意思是凶狠、暴戾。粤语“发狼戾”指的是突然发脾气，蛮横无理地撒野，又写作“发啷厉”。

例句

粤 当街当巷**发狼戾**，你唔怕上热搜咩？

普 大庭广众之下撒野，你不怕上热搜吗？

同词不同义

粤语词汇与普通话之间存在显著差异。部分粤语词汇在书面形式上虽与普通话词语相同，但其含义却大相径庭。这种同形异义的现象在日常交流中可能导致误解。

扫码关注
听粤语

haam3

喊

意思

【普】喊叫

【粤】哭

例句

粤 你自己喺度**喊餐饱**，我走先嘞。

普 你自己在这哭个够，我先走了。

han6

恨

意思

【普】怨恨，仇恨

【粤】渴望，喜欢，想得到

知多啲 “恨”表示很想的含义时，正字为“歆”，有渴望、喜欢、惋惜之意。

例句

粤 去迪士尼过生日，我真係**恨**咗好耐喇。

普 去迪士尼过生日，我真的盼了很久了。

sam1 gei1

心机

意思 →

【普】心思，计谋

【粤】精力，用心，心情

例句

粤 好心你畀**心机**读书啦。

普 拜托你用心读书吧。

saang1 sing3

生性

意思 →

【普】天生的性格，天性，秉性

【粤】懂事

例句

粤 咁大个仔，**生性**啲啦！

普 长这么大，懂事点吧！

dak1 ji3

得意

意思 →

【普】满意，骄傲

【粤】可爱

例句

粤 呢只狗仔真係好**得意**啊！

普 这只小狗真的好可爱！

蛊惑

gu2 waak6

意思

【普】迷惑，诱惑

【粤】奸诈，耍滑头

例句

粤 我早就估到你会出**蛊惑**啦！

普 我早就猜到你会耍花招。

架势

gaa3 sai3

意思

【普】舞台表演的姿势，摆出的样子

【粤】威风，气派，有排场

例句

粤 哇！呢间新酒店好**架势**㖞。

普 哇！这家新酒店很气派哟。

爆肚
baau³ tou⁵

意思

【普】京津地区的一种用牛羊肚做的小吃

【粤】戏剧演员在舞台上临场发挥编台词

例句

粤 今晚演员嘅即场**爆肚**真係好搞笑！

普 今晚演员的即兴发挥真是太搞笑了！

热气
jit⁶ hei³

意思

【普】热的空气，热烈的气氛

【粤】上火

例句

粤 **热气**啊？饮杯凉茶啦。

普 上火了？喝杯凉茶吧。

lok6 daan1

落单

意思 →

【普】脱离群体，孤单无伴

【粤】下单消费

例句

粤 靓女，唔该帮我**落单**啦。

普 服务员，麻烦帮我下单。

zing6 dak1

净得

意思 →

【普】所得净利润

【粤】只有

例句

粤 **净得**三只鸡髀，边度够我食啊。

普 只有三只鸡腿，哪里够我吃呢。

fo² zuk¹

火烛

意思

【普】照明用的灯烛

【粤】着火

例句

粤 唔好喺度玩火，小心**火烛**啊！

普 不要在这儿玩火，小心着火了。

caat³ haai⁴

擦鞋

意思

【普】擦拭鞋子

【粤】拍马屁

例句

粤 佢除咗**擦鞋**冇样叻。

普 他除了拍马屁没有擅长的。

夸张形容

粤语常用夸张的手法形容事件、行为或状态，有力地增强所述情况的极端程度，语言生动幽默，令人印象深刻。

扫码关注
听粤语

seoi^{1} dou^{3} tip^{3} dei^{2}

衰到贴地

知多啲 粤语的“衰”有倒霉或令人讨厌的意思，“贴地”是粤语中表示程度深的夸张说法。“衰到贴地”通常是指运气差到极点，或某人、某件事令人厌恶至极。

例句

粤 我部新手机啱用几日就搞唔见咗，今次真係**衰到贴地！**

普 我的新手机刚用几天就弄丢了，这回真是太倒霉了！

naau^{6} dou^{3} cat^{1} coi^{2}

闹到七彩

知多啲 粤语用“闹”表示责骂，“闹到七彩”指的是骂得狗血淋头。这种夸张的形容手法不仅让人感觉责骂声很吵闹，仿佛还能想象被骂者的脸色一会儿青，一会儿白。

例句

粤 叫咗你唔好用筷子敲碗啦，又畀人**闹到七彩**嘞。

普 早就说别用筷子敲碗了，又被人骂得狗血淋头了吧。

ceon2 dou3 mou5 joek6 ji1

蠢到冇药医

知多啲 粤语“蠢到冇药医”意思是形容某人愚蠢得无药可救。

例句

粤 讲咁多次都唔听，真係**蠢到冇药医**！

普 说了这么多次都不听，真是蠢得无药可救！

nau1 dou3 ngaan5 fo2 baau3

嬲到眼火爆

知多啲 当表达自己极度愤怒时，可以用“嬲到眼火爆”。“嬲”在粤语中是生气的意思，“眼火爆”则是形容被气得两眼冒火、火冒三丈的状态。

例句

粤 我今次真係**嬲到眼火都爆**！

普 我这回真是气得火冒三丈了。

king1 dou3 gai1 doek3 m4 tyun5

倾到鸡啄唔断

知多啲 粤语“倾到鸡啄唔断”的意思是说话滔滔不绝，没完没了。通过鸡啄食时连续不断的动作，生动形象地比喻话多。

例句

粤 佢哋两个每次见面都**倾到鸡啄唔断**。

普 他俩每次见面都聊个没完。

hau2 seoi2 do1 gwo3 caa4

口水多过茶

知多啲 当形容一个人说话太多时，通常用“口水多过茶”来比喻，就是指说话喷出的口水比喝进去的茶水还要多。

例句

粤 你唔好**口水多过茶**啦！

普 你别那么多话了！

笑到见牙唔见眼

siu3 dou3 gin3 ngaa4 m4 gin3 ngaan5

知多啲 当一个人笑得很开心时，往往只能看见牙齿，眼睛却眯成一条缝，粤语用“笑到见牙唔见眼”来形容，比喻人笑容灿烂。此外，“笑到碌地”“笑到四万噉口”等也能用于形容笑得开心。

例句

粤：阿明中咗大奖？唔怪之**笑到见牙唔见眼**啦！

普：阿明中大奖了？难怪笑得眼睛都看不见了。

吓到鼻哥窿都冇肉

haak3 dou3 bei6 go1 lung1 dou1 mou5 juk6

知多啲 粤语“鼻哥窿”即鼻孔，这句话形容人受到惊吓后，鼻孔张大，令原本就没有肉的鼻子内部更显空洞。

例句

粤：啱先突然揾唔到手机，真係**吓到我鼻哥窿都冇肉**啊！

普：刚才突然找不到手机，真是吓得我冷汗直冒。

bei^{2} jan^{4} ceoi^{1} dou^{3} lat^{1} fu^{3}

畀人催到甩裤

知多啲 粤语“畀人催到甩裤”是指被人催促，急得裤子快掉了。人们常用“……到甩裤”表示事情极度紧迫。你知道还有哪些常用搭配吗？

例句

粤 睇嚟今晚唔加班都唔得，**畀客户催到我甩裤**喇！

普 看样子今晚不加班是不行了，客户催得我裤子都快掉了！

daam^{1} si^{2} m^{4} tau^{1} sik^{6}

担屎唔偷食

知多啲 在过去的困难时期，农村田地肥力不足，会组织大家到城里收粪水，有些人会悄悄将粪水用到自家的自留地上，而老实人则会按规矩用在公田上。因此，有了这句“担屎唔偷食”的俚语，用来形容人老实忠厚，甚至不懂变通。

例句

粤 佢份人好老实㗎，绝对係**担屎都唔偷食**。

普 他这人很老实，即使挑粪也不偷吃。

jat1 hok3 ngaan5 leoi6

一壳眼泪

知多啲 “一壳眼泪”通常形容十分伤心，泪水多得能盛满一个“水壳”（即水瓢）。

例句

粤 我最心水嘅绝版手办跌烂咗，真係谂到就**一壳眼泪！**

普 我最喜欢的绝版手办摔坏了，想起来就眼泪哗哗地流。

mou5 leoi4 gung1 gam3 jyun5

冇雷公咁远

知多啲 “冇雷公咁远”通常形容某地距离非常遥远，连掌管打雷的天神雷公都到达不了。

例句

粤 你住到**冇雷公咁远**，我点揾你啊？

普 你住得那么远，我怎么找到你呢？

zeng3 dou3 bei3

正到痹

知多啲 “正到痹”往往形容某种事物好到极致。“正”有正宗、地道之意，因此，这个词也常指食物地道，美味至极。

例句

粤 五指毛桃煲走地鸡，呢煲汤**正到痹**啦！

普 五指毛桃炖走地鸡，这锅汤真是太棒了！

dai2 dou3 laan6

抵到烂

知多啲 “抵到烂”通常形容某样东西非常划算，物超所值。“抵”表示值得、划算，“烂”则是形容程度之深。除了“抵到烂”外，还可以说抵食（好吃又便宜）、抵买（值得买）、抵锡（值得疼爱）、价钱好抵（价格很划算）等。

“抵”还有两个含义：①该，活该，如抵闹（该骂）、抵打（该打）、抵死（活该）；②忍，忍受，如抵得（能忍受，挺得住）、抵谂（能忍让，不计较）。

例句

粤 呢个套餐真係**抵到烂！**

普 这个套餐真的太划算了！

粤语小测试

题号	1	2	3	4	5	6	7	总分
得分								

1. 对方帮了你忙，你会对他说：

A 收声啦你

B 多得你唔少

C 唔该晒

D 好心你啦

2. 粤语“骨子”是什么意思？

A 骨架

B 精致

C 谷子

D 瘦弱

3. 粤语歇后语“神台猫屎”后半句是？

A 人人有份

B 无晒符

C 应有尽有

D 神憎鬼厌

4. 粤语“我今天没空”怎么说?

Ⓐ 我今日冇空　　Ⓑ 今日有空

Ⓒ 我今日唔得闲　　Ⓓ 我冇日得闲

5. “你去哪里了？”在粤语中怎么说?

Ⓐ 你喺边度?　　Ⓑ 你去咗嗰度?

Ⓒ 你去咗边度?　　Ⓓ 你喺嗰度啊?

6. 粤语歇后语“火烧猪头”后半句是?

Ⓐ 熟口熟面　　Ⓑ 得把嘴

Ⓒ 好睇又好食　　Ⓓ 唔熟唔食

7. 结账时，店员说：“总共五十蚊。”

你付款时会说：

Ⓐ 咩?　　Ⓑ 㗎!

Ⓒ 咗!　　Ⓓ 㖭!

注音说明

粤拼（粤语拼音的简称）是将粤语发音罗马化（或拉丁字母化）的方法，即用拉丁字母来表示粤语的发音。本书正文使用的粤语字词注音，主要依据《粤语拼音方案》（香港语言学学会 2002 年 12 月第二版），并参考《广州音字典》（广东人民出版社 2007 年 9 月第 3 版）与《广州话正音字典》（广东人民出版社 2004 年 7 月第 2 版），同时结合实际使用语境进行适当调整。

为了方便读者的阅读和理解，我们选用了较为广泛使用的粤语字词书写形式，并参照《广州音字典》《广州话正音字典》（版本如前所述），以及《广州话方言词典》（商务印书馆 2015 年 4 月）等资料。由于目前粤语拼音系统与正字书写的标准化仍缺乏一定的规范，尚需专家学者的深入研究与考证，我们将持续关注和学习吸纳最新的研究成果。如果您对书中字词的使用有更好的建议，诚挚欢迎您向我们提出。

大话国创作团队

★大　欣　★小　可　★斯　敏

★曼　莹　★孙　孙　★小　菁

配　音

★Emmy Wang　★舒　雅